Понимание и сотрудничество между религиями

Обращение

Шри Маты Амританандамайи

Mata Amritanandamayi Center, San Ramon
Калифорния, США

Понимание и сотрудничество между религиями
Шри Маты Амританандамайи

Издано:
Mata Amritanandamayi Center
P.O. Box 613
San Ramon, CA 94583
Соединенные Штаты

――Understanding and collaboration between Religions (Russian) ――

Первое издание М.А. Центра: Апрель 2016

Русский сайт об Амме: www.ru.amma.org

Сайты в Индии:
www.amritapuri.org
inform@amritapuri.org

Шри Мата Амританандамайи

Предисловие

Амма выступила с обращением «Понимание и сотрудничество между религиями» 2-ого мая 2006 года в Музее искусств Рубина в районе Чэлси в Манхэттене в рамках четвёртой ежегодной церемонии вручения межрелигиозных наград Джеймса Паркса Мортона, проводившейся Межрелигиозным центром Нью-Йорка.

Межрелигиозный центр Нью-Йорка (МЦНЙ) присудил свою награду за 2006 год Амме за Её выдающуюся деятельность по развитию «межрелигиозного понимания и уважения» – главному направлению деятельности МЦНЙ. «Жизнь Аммы посвящена принятию», – сказал основатель Музея Рубина Дональд Рубин, когда он представлял Амму собравшимся перед вручением Ей награды. "Достигая и принимая всех людей через физический акт объятия, Она выходит за пределы всех религий и политических разделений. Порождаемые актом объятия принятие и любовь – это то исцеление, в котором все мы нуждаемся. Это то исцеление, которое наши матери приносили нам, когда мы были младенцами. Это то исцеление, которое Амма приносит миру».

МЦНЙ был особенно впечатлён широкомасштабной деятельностью Ашрама Аммы по оказанию помощи пострадавшим от азиатского цунами 2004 года, и было интересно услышать мысли Аммы о межрелигиозном понимании и сотрудничестве, высказываемые вслед за этим опытом.

«Когда случаются природные катаклизмы, сердца людей открываются, выходя за пределы представлений о касте, религии и политике», – сказала Амма в Своём обращении. «И всё же, неосуждающее отношение и сострадание, которые люди демонстрируют во время таких ситуаций, приходят и уходят так же быстро, как вспышка молнии. Если вместо этого нам удастся удерживать это пламя сострадания сияющим внутри нас, оно сможет рассеять темноту, окружающую нас».

Хотя Амма выступила перед собравшимися на Своём родном малайяламском языке, каждый присутствовавший на мероприятии мог слышать Её выступление на английском благодаря синхронному переводу. Слова Аммы не были теоретизированием схоласта; они были пропитаны Её просветлением и личным опытом, и, как таковые, они несли реальный вес – тот, который оказывал видимое воздействие на каждого присутствующего.

Хотя принятие – первоочередная необходимость в религии, Амма постоянно подчёркивала, насколько важно для всех практикующих религию проникнуть к тому, что находится в сердцевине всех вер. «Так же, как человек высасывает сок из сахарного тростника и выплёвывает жёсткий стебель, религиозным лидерам следует вдохновлять своих последователей впитывать сущность религии – то есть духовность, а не придавать чрезмерную важность внешним аспектам. К сожалению, сегодня многие едят стебель и выплёвывают сущность», – сказала Амма.

Амма также отметила тот прискорбный факт, что, в то время как святые и мудрецы указывают на важность духовных ценностей, их последователи часто увязают в трясине социального учредительства. Амма сказала: «В результате те самые религии, которые предназначались для распространения мира и спокойствия посредством сплетения людей в одну гирлянду любви, стали причиной войн и конфликтов. Из-за нашего невежества и ограниченной перспективы мы заключаем великие души внутри крошечных клеток религии. Во имя этих религий мы заперли себя внутри тюрьмы эго, продолжаем раздувать наши эго и воевать друг с другом. Если это будет продолжаться, понимание и сотрудничество навсегда останутся миражем».

В заключение Амма сказала, что однословное решение для почти всех проблем, перед которыми стоит сегодняшний мир – это «сострадание», и подчеркнула важность для всех членов всех вер выполнять служение бедным и страдающим. «Оказание помощи бедным и нуждающимся – истинная молитва», – сказала Амма. «Без сострадания все наши усилия будут напрасными».

Когда Амма завершила речь, зал Музея искусств Рубина наполнился аплодисментами, и вскоре присутствовавшие на собрании, включая многих награждённых наряду с Аммой, стали проходить вперёд, чтобы индивидуально получить любящее объятие Аммы.

Свами Амритасварупананда Пури,
вице-председатель
Миссии Маты Амританандамайи

Пять других людей были удостоены этой награды наряду с Аммой:

лауреат Нобелевской премии мира за 2005 год доктор Мохаммед Елбарадей, генеральный директор Международного агентства по атомной энергии;

судья верховного суда США Стивен Г. Брейер; известный американский актёр Ричард Гир за его деятельность в качестве режиссёра «Исцеление Разделения» и председателя правления Международной кампании за Тибет;

имам Фейсал Абдул Рауф (имам мечети Аль-Фарах) в паре с

Дэйзи Кхан, исполнительным директором Американского общества мусульманского продвижения.

Среди других людей, кому МЦНЙ присудил свою межрелигиозную награду в предыдущие годы, имеются три лауреата нобелевской премии мира – его святейшество Далай-лама, архиепископ Десмонд Туту и Ширин Эбади, а также бывший президент США Билл Клинтон.

Понимание и сотрудничество между религиями

Речь Шри Маты Амританандамайи
по случаю принятия награды
в Межрелигиозном центре Нью-Йорка

Музей искусств Рубина
2 мая 2006 г., Нью-Йорк

Понимание и сотрудничество между религиями

Я преклоняюсь перед всеми собравшимися здесь, воплощениями Чистой Любви и Всевышнего Сознания.

Вначале Я хотела бы передать мои наилучшие пожелания Межрелигиозному центру Нью-Йорка. Пусть эта организация будет способной зажечь лампу любви и мира в тысячах и тысячах сердец под умелым руководством его высокопреподобия Джеймса Паркса Мортона. Межрелигиозный центр заслуживает особой благодарности за его самоотверженную деятельность вслед за трагедией 11 сентября, которая унесла жизни тысяч людей, включая невинных детей. Позвольте Мне также воспользоваться этой возможностью, чтобы выразить Мою сердечную радость по поводу возможности проведения этой конференции, а также за проявленную вами веру в Меня.

В действительности только благодаря самоотверженности и самопожертвованию миллионов преданных со всего мира Амма способна оказывать то или иное служение обществу. Фактически эта награда и признание переходит к ним. Я – только инструмент.

Тема сегодняшней речи – «Понимание и сотрудничество между религиями» – обсуждается на тысячах форумов во всём мире. И в то время как такие обсуждения – и работа организаций, подобных этой – примирили религии до некоторой степени, опасения и беспокойства в отношении этого мира и его будущего продолжают неотступно преследовать наши умы.

Чтобы изменить эту ситуацию, мы нуждаемся в лучшем понимании и большем сотрудничестве между религиями. И религиозные лидеры, и главы государств твёрдо заявляют об этом на встречах, подобных этой. Но мы зачастую не способны демонстрировать такую же твёрдость в действии, какую мы демонстрируем на словах. Мы делимся многими идеями на этих встречах, и всё же, когда мы пытаемся осуществить их, мы не способны сделать это из-за влияния различных нажимов. Встреча без открытых сердец подобна парашюту, которому не удаётся раскрыться.

У каждой религии имеется два аспекта: один – это философские поучения в том виде, как они изложены в священных текстах; другой – духовность. Первый – это внешняя оболочка религии, в то время как духовность – её внутренняя сущность. Духовность – это пробуждение собственной истинной природы. Те, кто прилагают усилия к познанию своего истинного Я, те воистину верующие. Какой бы ни была религия, если человек осознаёт духовные принципы, он может достичь наивысшей цели, реализации (осознания) своей истинной природы. Если в банке содержится мёд, её цвет не имеет значения. С другой стороны, если мы не в состоянии усвоить духовные принципы, религия не будет выходить за рамки слепой веры, сковывающей нас.

Цель религии – преобразовывать наши умы. Чтобы это случилось, необходимо усвоить духовность – внутреннюю сущность религии. Именно единство сердец обеспечивает наступление религиозного единства. Если наши сердца не смогут соединиться в одно целое, то вместо объединения в одну команду мы будем отдаляться всё больше и больше, теряя друг друга из виду, и наши усилия будут фрагментированы.

Религия указывает путь подобно дорожному знаку. Цель – духовный опыт.

Например, указывая на дерево, человек говорит: «Взгляните на это дерево. Видите вон тот плод, висящий на той ветке? Если вы съедите его, то обретёте бессмертие!» Вслед за этим нам следует залезть на это дерево, сорвать плод и съесть его. Если вместо этого мы будем цепляться за палец этого человека, то никогда не сможем насладиться плодом. Это сродни цеплянию за слова священных писаний вместо постижения тех духовных принципов, на которые они указывают.

Так же, как человек высасывает сок из сахарного тростника и выплёвывает жёсткий стебель, религиозным лидерам следует вдохновлять своих последователей впитывать сущность религии – то есть духовность, а не придавать чрезмерную важность внешним аспектам. К сожалению, сегодня многие едят стебель и выплёвывают сущность

Сила религии – в духовности. Духовность – это тот цемент, который скрепляет здание общества. Практика религии и образ жизни без усваивания духовности подобны строительству башни посредством простого нагромождения кирпичей без использования какого-либо цемента. Она легко рухнет. Религиозная вера без духовности становится безжизненной, подобно части тела, отрезанной от потока кровообращения.

Атомная энергия может использоваться либо для творения, либо для уничтожения. Мы можем использовать её для получения электричества на благо мира. Также мы можем создать атомную бомбу, которая уничтожает всё. Выбор за нами. Усваивание духовного аспекта религии подобно получению электричества из атома, в то время как лишённая духовной перспективы религия будет вести к смертельной опасности.

Даже в старые времена кастовая система и другие социально-религиозные разделения существовали в различных культурах. Но тогда такие разделения были всеобщим достоянием, и их видели все и каждый. Сегодня, с другой стороны, мы говорим так, словно мы предельно ясно понимаем важность религиозного единства и равенства, но внутри нас ненависть и желание мести продолжают бушевать. В старые времена проблемы были преимущественно на грубом уровне, но теперь они на тонком, и по самой этой причине они более могущественные и распространяющиеся.

Амма вспоминает одну историю. В одном городе жил один печально известный преступник. Каждый день в 7 вечера он приходил и околачивался на одном и том же углу улицы, где он говорил непристойности и оскорблял проходивших мимо женщин и молодых девушек. Из-за страха ни одна женщина не ходила этой дорогой после заката; они прятались за закрытыми дверями своих домов. Так прошло несколько лет, и затем, однажды, этот преступник внезапно умер.

Однако даже после того, как преступник умер, женщины этой местности продолжали оставаться внутри домов после заката. Пребывая в недоумении, некоторые люди стали спрашивать, почему никто не решается выходить наружу. Женщины отвечали: «Когда он был жив, мы могли видеть его собственными глазами. Мы знали, когда и где он стоял. Но теперь его призрак нападает на нас. Поэтому теперь он может нападать на нас где угодно и в любое время! Пребывая в тонкой форме, он более могущественный и распространяющийся». Сходным образом обстоит дело с сегодняшними социально-религиозными разделениями.

В действительности религия – это стеснение, порождённое людьми. При рождении у нас не было никакой обусловленности или ограничений, относящихся к религии или языку. Всё это было преподано нам, обусловливая нас через какое-то время. Так же, как маленький саженец нуждается в заборе, это обусловливание необходимо до определённой степени. Но когда саженец вырастает в дерево, оно уже превосходит забор. Точно так же мы должны быть способными выходить за пределы нашей религиозной обусловленности и становиться «безусловными» (не ограниченными условиями).

Три вещи делают человека человеком: 1) интенсивное желание познать значение и глубину жизни посредством проницательного рассуждения; 2) чудесная способность давать любовь; 3) сила быть радостным и приносить радость другим. Религии следует помогать людям осознавать все три эти вещи. Только тогда религия и люди станут цельными.

В то время как великие души делают упор на духовные ценности, их последователи зачастую придают большее значение учреждениям и организациям. В результате те самые религии, которые предназначались для распространения мира и спокойствия посредством сплетения людей в одну гирлянду любви, стали причиной войн и конфликтов.

Из-за нашего невежества и ограниченной перспективы мы заключаем великие души внутри крошечных клеток религии. Во имя этих религий мы заперли себя внутри тюрьмы эго, продолжаем раздувать наши эго и воевать друг с другом. Если это будет продолжаться, понимание и сотрудничество навсегда останутся миражем.

Однажды два человека попытались заехать на крутой холм на двухместном велосипеде. Хотя они старались изо всех сил, они проехали совсем мало. Усталые и утомлённые, в одном месте они остановились, чтобы отдохнуть. Запыхавшийся и покрытый потом человек, который ехал впереди, сказал: «Что за холм! Как бы напряжённо мы ни крутили педали, мы не можем доехать. Я измотан, и меня ужасно мучает спина!»

Услышав это, ехавший сзади человек сказал: «Эй, приятель, ты думаешь, что это ты устал?! Если бы я не тормозил без перерыва всё это время, мы бы скатились назад к самому подножию!»

Сознательно или подсознательно, это именно то, что мы делаем сегодня во имя взаимного понимания и сотрудничества. Мы не открываем наши сердца из-за глубоко укоренившегося недоверия, которое мы испытываем друг к другу.

На самом деле принципы любви, сострадания и единства находятся в сердце всех религиозных учений.

Христианство говорит: «Люби ближнего твоего, как самого себя» (Матфей, 19:19). Индуизм говорит: «Нам следует молиться о том, чтобы у других было то, в чём нуждаемся мы сами». Ислам говорит: «Если осёл твоего врага заболел, ты должен позаботиться о нём». Иудаизм говорит: «Ненависть к соседу равна ненависти к самому себе». Хотя об этом говорится по-разному, переданный здесь принцип – один и тот же. Суть всех этих высказываний состоит в следующем: поскольку одна и та же Душа, или Атман, пребывает во всём, мы должны смотреть на всех как на Единое и выполнять служение всем как Единому. Именно извращённый интеллект людей заставляет их интерпретировать эти принципы ограниченным образом.

Амма припоминает одну историю. Однажды один известный художник написал портрет некой очаровательной молодой женщины. Всякий, кто видел этот портрет, влюблялся в неё. Некоторые из этих людей спросили художника, не является ли эта женщина его возлюбленной. Когда он ответил «нет», каждый из них стал непреклонно настаивать на бракосочетании с ней, и не позволял никому другому сделать так же.

Они потребовали: «Мы хотим знать, где найти эту прекрасную девушку».

Художник сказал им: «Мне жаль, но на самом деле я никогда не видел её. У неё нет национальности, религии или языка. То, что вы видите в ней, – это не красота отдельного индивидуума; скорее я просто придал глаза, нос и форму той красоте, которую я созерцал внутри себя».

Но никто из них не поверил словам художника. Они гневно обвиняли его, говоря: «Ты лжёшь нам. Ты просто хочешь сделать её своей собственной!»

Художник спокойно ответил им: «Нет, пожалуйста, не воспринимайте этот образ на поверхностном уровне. Даже если вы будете искать по всему миру, вы не найдёте её, и всё же она – квинтэссенция всей красоты».

Тем не менее, игнорируя слова художника, люди стали сходить с ума из-за краски и картины. В своём страстном желании обладать этой девушкой они стали браниться и драться друг с другом, и в конце концов погибли.

Мы также похожи на них. Сегодня мы ищем такого Бога, который пребывает только в картинках и священных писаниях. В этом поиске мы сбились с пути.

В священных писаниях говорится, что каждый из нас видит мир через цветные очки. Мы видим в этом мире то, что мы проецируем. Если мы смотрим глазами ненависти и мести, мир будет казаться нам в точности таким же. Но если мы смотрим глазами любви и сострадания, мы будем видеть только красоту Бога повсюду.

Амма слышала об одном эксперименте, который провели, чтобы выяснить, действительно ли этот мир таков, каким он воспринимается нами. Исследователи дали одному молодому человеку очки, которые искажали его видение. Затем они предписали ему носить эти очки непрерывно в течение семи дней. Первые три дня он был очень беспокойным, поскольку всё, что он воспринимал, было весьма тревожным. Но после того, как его глаза полностью приспособились к этим очкам, боль и дискомфорт полностью исчезли. То, что поначалу заставляло казаться мир странным и искажённым, позже стало казаться ему нормальным.

Таким же образом каждый из нас носит различные очки. Именно через эти очки мы смотрим на мир и религию. Мы реагируем соответственно. Из-за этого мы часто даже не способны видеть (воспринимать) людей как человеческих существ.

Амма вспоминает один случай, о котором Ей поведал один религиозный лидер много лет назад. Он отправился посетить некое мероприятие в больнице в Хайдарабаде, в Индии. Когда он вышел из автомобиля и шёл к больнице, он увидел, что множество женщин были выстроены в линии по обе стороны от его дорожки, чтобы поприветствовать его традиционным образом – держа масляные лампадки и сырой рис. Когда он оказался между ними, они стали макать рис в масло и бросать ему в лицо. Он сказал Амме: «Не имея ничего общего с тёплым приёмом, это было скорее похоже на проявление гнева и противодействия. Я жестикулировал им, чтобы они прекратили, закрывая моё лицо руками, но они всё равно продолжали делать это».

Позже он спросил, верили ли в Бога эти выстроенные в линии люди. Владелец больницы ответил ему, что они верующие, и что они из числа персонала его больницы. На что он сказал: «Я так не думаю, потому что я мог чувствовать гнев и мстительность в их поведении».

Подозревая неладное, владелец послал кого-то, чтобы расследовать этот инцидент. И вот что тот увидел: люди, которые приветствовали религиозного лидера, были собраны в комнате и смеялись. С презрением в голосе одна из них громко похвалялась: «Уж я точно задала тому дьяволу!»

На самом деле персонал относился к некоторой другой религии. Поскольку их босс велел им сделать так, у них не было другого выбора, кроме как принять гостя. Но у них не было никакого понимания истинной религии или духовной культуры. На деле с их точки зрения люди других вер были фактически не людьми, но бесами.

Эго бывает двух типов. Один – это эго власти и денег. Но второй тип более разрушительный. Это эго, которое полагает: «Только моя религия и моя точка зрения правильные. Все другие – неправильные и ненужные. Я не потерплю ничего иного». Это всё равно, что говорить: «Моя мать хорошая; а ваша – проститутка!» Такое мышление и поведение – причина всех религиозных трений. До тех пор, пока мы не устраним эти два типа эго, нам будет трудно установить мир во всём мире.

Готовность слушать других, способность понимать их и широта взглядов, чтобы принимать даже тех, кто не соглашаются с нами, – это признаки истинной духовной культуры. К сожалению, это именно те качества, которые отсутствуют в сегодняшнем мире.

Тем не менее, когда происходят природные катаклизмы, сердца людей открываются, поднимаясь над представлениями о касте, религии и политике. Когда цунами ударило по Южной Азии, все барьеры религии и национальности исчезли. Все сердца испытывали боль сострадания к жертвам. Все глаза проливали слёзы наряду с ними. И все руки протянулись, чтобы высушить эти слёзы и помочь людям.

Бесчисленны те случаи, когда Мои сердце и душа наполнялись трепетом, видя атеистов и относящихся к различным политическим партиям и религиям людей работающими день и ночь наряду с жителями нашего ашрама (монастыря) в духе самопожертвования. И всё же, неосуждающее отношение и сострадание, которые люди демонстрируют во время таких ситуаций, приходят и уходят так же быстро, как вспышка молнии. Если вместо этого нам удастся удерживать это пламя сострадания сияющим внутри нас, оно сможет рассеять темноту, окружающую нас. Пусть, таким образом, эта струйка сострадания внутри нас вырастет в стремительный и обильный поток. Давайте преобразуем эту искорку любви в лучезарность, сияющую подобно солнцу. Это создаст рай на земле. Способность сделать это находится внутри каждого из нас; это наше неотъемлемое право и истинная природа.

Какого бы цвета ни был воздушный шар, если мы наполним его гелием, он воспарит к небу. Точно так же люди всех религий могут вознестись к заоблачным высотам, если они наполнят свои сердца любовью.

Амма припоминает одну историю. Однажды цвета всего мира собрались вместе. Каждый утверждал: «Я – наиболее важный и любимый цвет». В итоге беседа завершилась ссорой.

Зелёный гордо заявил: «Несомненно, я – наиболее важный цвет. Я – знак жизни.

Деревья, виноградные лозы – вся природа окрашена в мой цвет. Разве нужно мне говорить что-то ещё?»

Синий прервал его: «Эй, прекрати своё пустословие! Ты говоришь только о Земле. Разве ты не видишь небо и океан? Все они синие. А вода – основа жизни. Слава мне, цвету бесконечности и любви».

Слушая это, красный закричал: «Ну уж хватит! Все замолкли! Я – правитель всех вас: я – кровь. Я – цвет доблести и храбрости. Без меня нет жизни».

Среди этого крика белый мягко сказал: «Все вы изложили свои доводы. Теперь мне остаётся сказать только одну вещь: не забывайте истину о том, что я – основа (субстрат) всех цветов».

Тем не менее, намного больше цветов вышло вперёд, и каждый расхваливал своё величие и превосходство над другими. Постепенно то, что началось как простой обмен словами, превратилось в словесное сражение. Цвета уже даже намеревались уничтожить друг друга.

Внезапно небо стало тёмным. Прогремел гром, сверкнула молния, и вслед за этим пошёл сильный ливень. Уровень воды стал стремительно подниматься. Деревья вырывались с корнем, и вся природа была в смятении и хаосе.

Дрожа от страха, цвета беспомощно закричали: «Спасите нас!» Именно тогда они услышали голос с неба: «Вы, цвета! Где ваше эго и ложная гордость теперь? Вы, глупо боровшиеся за превосходство, теперь дрожите от страха, неспособные защитить даже собственные жизни. Всё, на что вы претендуете как на своё собственное, может исчезнуть в одно мгновение. Вы должны понять одну вещь – хотя вы разные, каждый из вас бесподобен. Бог создал каждого из вас с различной целью. Чтобы спастись, вы должны стоять, взявшись все вместе за руки. Если вы будете стоять вместе в единстве, вы сможете воспарить и охватить всё небо. Вы сможете стать радугой со всеми семью цветами, гармонично стоя бок о бок, – символом мира и красоты, знаком надежды на завтрашний день. С этой высоты все различия исчезают, и вы видите всё как одно единое. Пусть ваши единство и гармония станут источником вдохновения для всех».

Всякий раз, когда мы созерцаем изящную радугу, пусть мы будем получать вдохновение работать вместе как команда, со взаимным пониманием и признательностью.

Религии – это цветы, расставленные для поклонения Богу. Как было бы прекрасно, если бы они стояли вместе! Тогда бы они распространяли аромат мира по всему миру.

Религиозным лидерам следует выйти вперёд, чтобы запеть мирную песню универсального единства и любви. Им следует стать похожими на зеркала для этого мира. Зеркало чистят не для него самого, но для того, чтобы те, кто смотрят в него, могли лучше очищать собственное лицо. Религиозные эмиссары должны стать образцами для подражания. Устанавливаемый религиозными лидерами пример будет определять чистоту действий и мыслей их последователей. Только когда благородные люди практикуют религиозные идеалы, их последователи будут усваивать тот же самый дух и получать вдохновение действовать благородно.

В известной мере каждому следует стать образцом для подражания, ибо тот или иной человек всегда будет брать с нас пример. Это наша обязанность – принимать во внимание тех, кто обращает свои взоры на нас. В таком мире образцов для подражания не будет ни войны, ни оружия. Они будут сведены на нет, превратившись всего лишь в кошмарный сон, который приснился нам в далёком-далёком прошлом. Оружие и боеприпасы будут служить артефактами-экспонатами,

предназначенными для хранения в каком-нибудь музее – символы нашего прошлого, когда люди сбивались с пути, ведущего к их цели.

Наша ошибка в том, что мы оказались введёнными в заблуждение поверхностными аспектами религии. Давайте исправим эту ошибку. Давайте вместе осознаем сердце религии – универсальную любовь, чистоту сердца, созерцание единства всюду. Мы живём в такую эпоху, когда весь мир уменьшается до размеров одной глобальной деревни. Мы нуждаемся не просто в религиозной терпимости, но в глубоком взаимном понимании. Нам следует избавиться от недопонимания и недоверия. Давайте распрощаемся с тёмной эпохой соперничества и отметим начало новой эры творческого межрелигиозного сотрудничества. Мы только что вступили в третье тысячелетие. Пусть будущее поколение назовёт его тысячелетием религиозной дружбы и сотрудничества.

Амма хотела бы предложить несколько советов для всеобщего рассмотрения:

1) Однословное решение для почти всех проблем, перед которыми стоит

сегодняшний мир – это «сострадание». Сущность всех религий состоит в проявлении сострадания к другим. Религиозным лидерам следует выдвинуть на первый план важность сострадания, используя в качестве примера собственные жизни. Нет ничего так редко встречающегося в сегодняшнем мире, как образцы для подражания. Религиозным лидерам следует выйти вперёд, чтобы заполнить этот вакуум.

2) Из-за эксплуатации нами природы и общего недостатка осознанности загрязнение уничтожает планету. Религиозным лидерам следует проводить кампании, направленные на осознание важности защиты окружающей среды.

3) Мы не в состоянии предотвратить природные катаклизмы. И, поскольку люди не контролируют своё эго, нет возможности полностью предотвратить войну, а также другие конфликты. Но если мы примем твёрдое решение, то, несомненно, мы сможем устранить голод и бедность. Всем религиозным лидерам следует прилагать все свои усилия для достижения этой цели.

4) Для способствования межрелигиозному пониманию каждой религии следует основывать центры, в которых будут глубоко изучаться учения других вер. Это следует делать с широким кругозором (видением), а не руководствуясь какими-либо скрытыми мотивами.

5) Так же, как солнце не нуждается в свете свечи, Бог не нуждается в чём-либо от нас. Оказание помощи бедным и нуждающимся – истинная молитва. Без сострадания все наши усилия будут напрасными, подобно наливанию молока в грязный сосуд. Всем религиям следует подчёркивать важность сострадательного служения бедным и страдающим.

Давайте молиться и работать сообща для создания радостного завтрашнего дня, свободного от конфликта, в котором религии действуют сообща в счастье, мире и любви.

Пусть дерево нашей жизни глубоко укоренится в почве любви;

Пусть добрые дела будут листьями на этом дереве;

Пусть слова доброты образуют его цветы;

И пусть мир (покой) будет его плодами.

Давайте расти и развиваться как одна семья, объединённая любовью –

Чтобы мы могли радоваться и воспевать наше единство,

В мире, где торжествуют мир и удовлетворённость.

www.ingramcontent.com/pod-product-compliance
Lightning Source LLC
Chambersburg PA
CBHW070047070426
42449CB00012BA/3182